AF589358

Gracias por encontrar
este pequeño libro agradable.

Se dice que el viaje más largo en la vida
es el viajedel cerebro al corazón.

Aprender a encontrar su camino al
corazón temprano en la vida es
un gran regalo.

... "Conocí a Gitte Winter Graugaard en un taller en Nantwich, Inglaterra, en el otoño de 2017. Fue un encuentro conmovedor, con un escritora apasionado de la paternidad consciente y el equilibrio en la vida cotidiana de las familias ocupadas con niños. Con este libro podemos ayudar a nuestros hijos a encontrar paz dentro de sí mismos y a llenar sus corazones de amor. Esto afectará a las personas que los rodean para elevar sus vibraciones también. ¡Imagínese lo que hará a las generaciones futuras!"

Gerd Stautland, Noruega

Maestra, madre y abuela,

Traducción al noruego

... "Mis queridos amigos. Esta es una noticia increíble, si te gusta el corazón conectando y momentos encantadores con su hijo. Me encantan estos libros, y también lo hacen nuestros hijos... ¡Y ahora están en más idiomas. Gracias querido Gitte por su incansable trabajo por más paz y amor!"

Eva Andrea, Alicante

Autora y madre

de cuatro hijos

... "Lo más ingenioso del libro, creo, es que también le da al adulto una herramienta, tanto para conversaciones con los niños, como para la cual pueden usar la meditación ellos mismos. Recomiendo que los adultos lean el libro una y dos veces por su cuenta antes de leer en voz alta al niño, para familiarizarse con el libro y su contenido. El libro es perfecto para jóvenes y mayores, ¡y no puedo esperar para presentártelo!"

Ellen Bucher-Johannessen, Noruega

Maestra con necesidades especiales y

madre de 3 niños,

Los padres dicen sobre el libro:

..."Anoche leímos las meditaciones de los niños en mi corazón. Mi hijo mayor de 7 años se calmó por completo y en realidad se quedó dormido al final de la historia. Esta mañana estuve de acuerdo con mi hijo menor de 4 años en que para el almuerzo debemos enviarnos amor a nuestros corazones. Me encanta el libro".

..."Tengo que leer la primera meditación para mi hijo de cuatro años. Le costaba mantener los ojos cerrados y sonreía grande cada vez que lo miraba. Cuando terminó y le dije: "¿Puedes dormir bien ahora mi hijo más hermoso y hermoso?", dijo, "Gracias mamá" y se acurrucó sonriendo".

..."Utilizo meditaciones en mi corazón para mi hija sensible con pensamientos a la hora de acostarse. Son increíbles y hacen mucho bien por ella. Ella está divorciada, así que usa los ejercicios cuando no estamos juntos y me extraña. "En mi corazón" recibe mi recomendación más cálida".

..."Me encantan las historias, y también lo hace mi hija... Apenas tiene 6 años y se ha vuelto mejor para poner en palabras privación y amor. Estar conmovido por las historias, fantásticamente escritas".

..."Es un gran libro. Léanlo casi todas las noches a mi hijo de 9 años. Me pide que se lo lea".

..."Tengo un hijo que a veces sufre de ansiedad. Las meditaciones valen oro cuando se trata de remar para acostarse! Incluso mi hijo, de 14 años, a veces me pregunta si no se lo volveré a leer".

"A mi hijo le encanta este libro. Tiene 10 años y TDAH. Muy recomendable."

Para

De

Meditaciones de los Niños

En mi Corazón

Autora Gitte Winter Graugaard

Ilustradora Elsie Ralston

Room for Reflection Publishing

Meditaciones de los Niños En mi Corazón

Gracias a Sofie Halkjær por la inspiración para enseñar la meditación del corazón. A Elsie Ralston por las maravillosas ilustraciones. A Katrine Høyer por la diagramación.

Muchas gracias por la traducción, María Nelly Cuculiza, y por tu gran esfuerzo por ayudar, Elsie Ralston. Tu deseo por llevar el libro al español ha sido una inspiración. Espero que ahora puedas compartir tu bello trabajo en tu país, Perú, y que los niños peruanos y los de países de habla hispana encuentren felicidad en estas historias. La traducción ha sido hecha para ayudar a los niños de la Asociación Achalay y ha sido una alegría muy grande que he recibido, tan llena de amor y espíritu. Gracias también a Birte Strandby por ayudarme a aprobar la traducción desde la versión danesa. Estoy asombrada por sus esfuerzos y determinación para ayudar. Muchísimas gracias.

Un gran agradecimiento a mis preciosos hijas por entrar en este gran universo con una mente tan abierta y por mostrarme nuevos caminos hacia la "El País del Corazón".

- Gitte Winter Graugaard

Books in the series The Valley of Hearts are:

- Meet Chief Eaglefeather
- The Flamedancers' Fire
- The Clear Cascade
- The Deep Meadow
- The Mild Winds

Other books published in English:

- Heartlight - teach your child to shine

La serie estará disponible en varios idiomas en el futuro.
Vea dónde estamos con nuestras palabras aquí:
www.gittewintergraugaard.dk

Meditaciones de los Niños En mi Corazón

2a edición en español
Autora: Gitte Winter Graugaard
Ilustraciones: Elsie Ralston
Traducción: María Nelly Cuculiza
Diseño: Katrine Høyer

ISBN: 978-87-93210-77-6 (paperback - Tapa blanda)
ISBN: 978-87-93210-78-3 (hardbound - Tapa dura)
ISBN: 978-87-93210-79-0 (Ebook)
ISBN: 978-87-93210-80-6 (PDF)

Room for Reflection Publishing
www.enmicorazon.es
www.gittewintergraugaard.dk

Tabla de Contenidos

Introducción

Querido progenitor/madre:

Felicitaciones por el viaje amoroso que estás a punto de continuar con tu hijo o tus hijos. Durante los últimos meses a miles de familias en todo el mundo les ha encantado leer estas historias y es un gran placer para mí poder ahora presentar estas meditaciones a todo el mundo de habla hispana. Siento como si fuera un avión de amor a punto de despegar. Uno por uno, los niños se darán cuenta del hermoso arte de amarse a sí mismos a lo largo y ancho de todo nuestro bello planeta. Estoy feliz de contribuir con esta pequeña gran revolución de amor. Es triste que haya tantas cosas en las que no podemos estar de acuerdo a través de las fronteras; sin embargo, nuestro amor por nuestros hijos es el mismo y es simplemente lo más valioso que tiene cualquier progenitor o madre. Todos podemos estar de acuerdo en esto, y es en eso en lo debemos concentrarnos.

La meditación de los niños es preciosa tanto para ustedes como para sus hijos. Puedes leer las meditaciones como pequeñas historias para la hora de dormir. Al igual que muchas otras historias, todas son sobre el amor. Mas, cerrando los ojos y sintonizando el cuerpo mientras escucha tu voz familiar, tu hijo podría asimilar estas palabras de amor más plenamente.

Ahora tendrán un tiempo amoroso y tranquilo juntos, lo cual es invalorable en una vida muy ocupada. Por un momento, se juntarán, y reducirán el flujo de estímulos que rodea constantemente a su familia.

Dicen que una persona moderna recibe tantos estímulos en un día como nuestros abuelos durante todo un año. No podemos detener los estímulos alrededor de nuestros hijos, pero sí podemos enseñarles cómo navegar entre ellos y cómo encontrar la paz, el equilibrio y -lo más importante- la alegría en la vida.

Con "En mi corazón" estás enseñando a tus hijos a ir dentro de sí mismos para sentir su cuerpo, mente y corazón. Teniendo en cuenta las estadísticas sobre los jóvenes contemporáneos y el estrés, este ejercicio será una lección invalorable para la vida. Al enseñar a tus hijos a sentir su corazón y a compartir su amor, nutres los sentimientos de amor propio, armonía y empatía de tus hijos.

Déjame decir desde el principio que no dudo por un segundo que el amor de tu familia es totalmente maravilloso y sumamente único. Estas meditaciones no son sobre el arte de amar: ya conoces esa increíble habilidad.

Meditaciones de los Niños "En mi corazón" y los símbolos que se aprenden al leer el libro los ayudarán como familia a:

- Hablar más sobre el amor
- Hacerse aún más conscientes de su amor
- Aumentar el amor más todavía

Como progenitor/madre, estarás haciendo una visualización guiada con tu hijo. Como él yace calmadamente con los ojos cerrados, tu voz puede llegar aún más profundamente al alma hermosa de tu hijo.

Muchas personas preguntan para qué grupos de edad se pueden utilizar las meditaciones. La meditación del corazón no tiene límite de edad. Hay niños tan pequeños como los de 3 y tan grandes como los jóvenes de 18 que me han dicho que les encantan las historias. Incluso los adultos han encontrado que duermen mejor después de estas historias.

La meditación del corazón no es algo que se me ocurrió. Sólo he reescrito la esencia de las historias y he agregado elementos que me han contado o que he encontrado en muchas meditaciones diferentes. Simplemente me encanta la meditación del corazón y también enseñar los fundamentos de estas historias a los adultos a través de sesiones y talleres.

Aprende de tu hijo

En este maravilloso viaje al "País del Corazón" que vas a emprender ahora con tu hijo, por favor, ten en cuenta que puedes aprender mucho de tu hijo. Tal vez como muchos otros progenitores y madres en nuestra generación a veces te sientes "encerrado dentro de tu cabeza", pero anhelas sentir más en tu propio corazón, acercarte más a tu "País del Corazón".

De muchas maneras, los niños son mejores que los adultos en conectarse con sus corazones. Recibo un montón de comentarios encantadores de los progenitores y las madres que me dicen lo impresionados que están con cómo sus hijos toman naturalmente las historias de "En mi corazón", y lo fácil que es para sus hijos llegar a sus propios corazones.

Los niños nacen en "El País del Corazón" y tienen un don especial de amor que enseñarnos a papá y mamá. Algo especial surge entre tú y tu hijo cuando comienzan a hacer las meditaciones del corazón juntos. Escribo "juntos", a propósito, porque la habitación se llena más aún de amor si tú también llegas a tu propio corazón y haces los ejercicios al mismo tiempo.

Por favor, aprovecha esta oportunidad para salir del "País del Cerebro" por un momento y encontrarte con tu hijo en las maravillas del "País del Corazón". En momentos especiales de la meditación del corazón con tu niño, puedes experimentar el extraordinario sentimiento del amor incondicional, eterno, que conoces desde las primeras semanas de la vida de tu niño/niña, donde el tiempo por un momento se aquietó por completo.

Los niños lo dan todo por estar donde estamos los progenitores y madres. Si no nos cuidamos, terminan viajando con nosotros al "País del Cerebro". Es tan hermoso cuando en su lugar dejamos "El País del Cerebro" por un rato y nos encontramos con nuestros hijos en "El País del Corazón".

Aumenta el amor

Hay muchas meditaciones muy buenas grabadas para niños que su hijo podría escuchar. Aquí "En mi corazón", el amor entre tú y tu hijo es el punto focal, por lo que no se han grabado en audio. Tu voz y tu presencia tienen una gran influencia en la experiencia que tu hijo tenga con "En mi corazón". Cuanto más aumente el amor, más fácil será para tu hijo llegar a su propio amor, así como al tuyo. Tu amor viene con una gran parte de la energía que tu hijo ya conoce muy bien y a la que quiere alcanzar.

A través de "En mi corazón", tú -como progenitor o madre- recibirás ayuda para crear un lenguaje para el amor usando símbolos. Tu amor es el mismo que antes, pero obtendrás más formas de expresarte, y expresar nuestro amor a menudo conduce al alivio.

Siente por ti mismo cuántas palabras de amor puedes usar, y cuán grandes son estas palabras, y observa la reacción de tu hijo. Juega con tus palabras de amor y ajusta la historia para que se adapte a tu hijo tanto como desees. Tal vez ya tienes otros símbolos para tu amor. Adelante, tráelos a las meditaciones. Habla sobre los símbolos que ya conoces y aplícalos en la historia. Tal vez tu hijo/hija necesita que le hablen de una emoción o un pensamiento específico. Ajusta la historia para que encaje con la situación.

Deja que tu hijito te invite a tu País del Corazón

Cuando ambos estén listos, pueden subir juntos el volumen del canal del amor. No te sorprendas si su hijo/hija comienza a usar sus palabras de amor o está listo para subir el volumen antes que tú.

Presta atención a tu hijo, disfruta que esté tan cerca de su País del Corazón. Absorbe esa sabiduría sobre el amor puro con que tu hijo ha venido, como un regalo de la vida.

Cuando tu hijo esté acostado y tranquilo, cierra sus ojos y escucha tu voz segura y familiar, todos sus canales están abiertos y tienes la oportunidad de contarle las historias de amor más preciosas. Por medio de "En mi corazón", puedes pasarle una enorme porción de amor a tus hijos. Si tu hijo se duerme, continúa nomás. Tu hijo aún está escuchando subconscientemente, incluso si está camino al sueño.

Ayuda a tu hijo a quedarse dormido más rápido

Mi propia experiencia es que "En mi corazón" hace que los niños se duerman más rápido. Si tu hijo tiene muchos pensamientos y le resulta difícil dejar ir las experiencias del día, "En mi corazón" puede ser de gran ayuda.

Cuando tu hijo deja de centrarse en todos estos pensamientos y no tiene que relacionarse con nada más, excepto las imágenes que se forman en su imaginación, experimenta una calma maravillosa en el cerebro, lo que hace que le sea más fácil quedarse dormido.

Eso también significa que puedes ayudar a que se quede dormido en circunstancias especiales: si tiene dificultad para dormir cuando estás con amigos o familia, si van a hacer un viaje o un vuelo largo, si hay ruido alrededor, o si están de vacaciones.

Se hace así

Antes de presentar las meditaciones a tu hijo, te recomiendo que las leas una o dos veces. Encontrarás algunos espacios en blanco a

lo largo del texto ______________________, donde puedes escribir el nombre de tu hijo.

Si tienes varios hijos, te recomiendo que comiences con un niño a la vez. Trata de observar si estás usando palabras diferentes para cada uno de tus hijos. Nota que puedes darte cuenta instintivamente de que uno de ellos puede necesitar que expreses las cosas de manera diferente que los otros. Reflexiona un poco sobre la diferencia y sobre lo que significa para tu relación con cada uno de tus hijos.

Si deseas hacer las meditaciones con varios niños al mismo tiempo, puedes decir simplemente varios nombres y dirigirte a los niños en plural.

A lo largo del texto también encontrarás este signo: ♡ ♡ ♡
El signo es una invitación a hacer una breve pausa para dar tiempo a tu hijo para reflexionar.

Las primeras veces que leas las historias en voz alta, puedes pegarte completamente a la trama. Si deseas cambiar algo, sigue tu intuición y cambia palabras y significados. Escúchate a ti mismo y observa lo que te hace sentir bien.

Encuentra la paz dentro de ti y elige un momento en que puedas sentirte consciente y tranquilo para la meditación. La hora de la siesta suele ser un buen momento para la meditación de los niños, y también lo es la hora de acostarse. Los niños a menudo se quedan dormidos durante la lectura, y no hay problema con eso.

No fuerces a tu hijo a hacer la meditación. Si lo haces, no tendrás ningún efecto. Pero trata de encontrar una manera de hacer que tu hijo quiera participar.

Haz que tu hijo se acueste en un lugar blando con una manta o edredón. Explícale que quieres contarle una historia muy especial, llena de amor. Explícale que le estás contando esta historia porque deseas profundamente que sepa cuánto lo amas. Simplemente continúa si tu hijo se mueve. El niño sigue escuchando.

Siéntate cómodamente y disfruta de un momento de amor, honestidad y consciencia con tu hijo. Respira profundo varias veces antes de comenzar. Siente la calma bajar. Luego cierra tus ojos, respira profundamente y encuentra tu propio camino hacia ti. Tu niño sentirá claramente tu calma.

Lee lentamente y haz pausas. Deja que las imágenes crezcan calladamente dentro de tu hijo.

Si te das cuenta de que tus hijos piden las meditaciones cada vez más a menudo, te recomiendo encarecidamente que te tomes el tiempo de hacerlas. Los diez minutos de intenso amor que ofrecen

las meditaciones no tienen precio para todos ustedes. Así que deja las loncheras, el trabajo o el lavado para más tarde y viaja con tu hijo al "País del Corazón".

Ahora encontrarás la primera de las cuatro meditaciones. Cada una comienza con una pequeña introducción especial y termina con unos pocos estímulos sobre el pensamiento y la reflexión. Recomiendo que los leas en orden cronológico y preferiblemente con algún tiempo entre cada una. A través de la repetición, tu hijo aprenderá los pasos individuales, y estará mejor preparado para continuar.

Por favor, disfruta del maravilloso viaje que emprenderás con tu hijo. Un tiempo precioso está por comenzar.

Tus propias notas

Aquí es donde
comienza el viaje.
Meditemos

La puerta para dormir
se puede encontrar en el
corazón. En la primera
meditación, el niño aprende
a llenar su corazón de amor
y se enfoca en la fuerza de
amarse a sí mismo.

Lleno mi corazón con AMOR

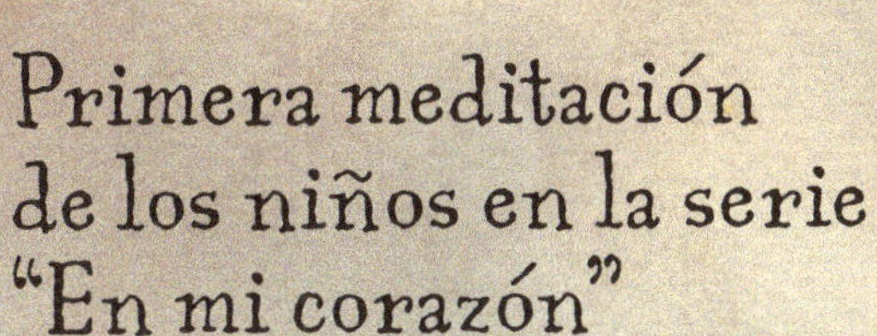

Primera meditación
de los niños en la serie
"En mi corazón"

Específicamente para la meditación de los niños "Lleno mi corazón con amor"

En la primera meditación, guiarás a tu hijo hacia adentro de su corazón y le enseñarás cómo llenarlo de amor. Esta meditación es la base para las otras meditaciones de la serie y construye una base muy especial para el sentimiento de autoestima y valía personal de tu hijo.

Lleno mi corazón con amor

Hoy tú y yo vamos a un viaje, juntos. Realmente he estado esperando este viaje contigo. Vendrás en el viaje conmigo cuando escuches mis palabras y crees figuras en tu propia imaginación.

No tienes que hablarme de las imágenes. Son tuyas, para ti. Pero si quieres, podemos hablar de ellas más tarde. Por ahora, sólo escucha.

Pon tu hermosa cabeza en la almohada y cierra tus preciosos ojos. Ahora comenzaremos un viaje maravilloso en tu corazón - que está lleno de amor.

Respira tranquilamente, hasta dentro hacia tu barriguita.

♡ ♡ ♡

(pausa)

Si pones la mano sobre tu barriguita, puedes sentir cómo sube y baja con tu respiración. Sólo respira lentamente hasta adentro hacia tu barriguita.

Con cada respiración sentirás que puedes respirar más y más hacia tu barriguita.

Cuando quieras encontrar la paz dentro de ti, puedes montarte sobre la espalda de tu aliento. Imagina que puedes flotar con el aire dentro de tu cuerpo. Cuanto más lento y profundo respires, podrás encontrar más calma.

La historia comienza. Es un día de verano encantador. Imagínate que estás caminando en una pradera hermosa y verde con las flores más bonitas en todos tus colores preferidos. Mira, hay una linda flor ahí, la que te gusta más. Tu flor es tan bonita.

La hierba es maravillosamente suave bajo tus pies descalzos.

El sol calienta tu cuerpo y sientes una brisa agradable en tu mejilla.

Tómate un momento para mirar a tu alrededor mientras respiras profundamente hacia tu barriguita.

¡Mira! Allá arriba, en el árbol, hay un pajarito rojo cantando. Y hay una mariposa morada que está pasando un mensaje cariñoso en el paisaje de flor en flor.

Ahora mismo, seguro que les está diciendo a todos que has llegado. Creo que está diciendo "Mira, linda flor, ________________ (el nombre del niño) ha venido a visitarnos. ¿No es eso agradable?"

Un pequeño abejorro con bonitas rayas y alas finas como el papel está zumbando alrededor de un arbusto con bellas hojas en forma de corazón. Tomas una hoja y la hueles.

Frente a ti, ves ahora una montaña alta y espléndida. Quieres ir allí. Pones, cuidadosamente, un pie delante del otro y das un pasito en tu camino.

La hierba es tan bonita y está tan suave bajo los dedos de tus pies. Rápidamente te das cuenta de que también puedes correr, saltar y bailar en este valle de amor, como siempre lo haces.

♡ ♡ ♡

La montaña te está llamando en silencio, y te acercas más. De pronto ves una linda cerca blanca con una magnífica puerta. Quieres abrirla, y cuando la tocas, puedes oírla susurrando. Está diciendo: "Bienvenido, dulce ______________________ Teníamos muchas ganas de verte. Entra. Estar aquí es tan agradable."

Just keep breathing into your tummy. Now we're going a little closer to the mountain.

Sólo sigue respirando profundo hacia tu barriguita. Ahora estamos acercándonos un poco más a la montaña.

Detrás de la pequeña cerca se ve un sendero cubierto de piedritas cálidas y blancas brillando al sol. Miras a tu alrededor y disfrutas de todas las cosas bonitas que ves.

Cuando caminas un poco más, te acercas a la montaña. Y ahora ves que hay una gran puerta de madera en la montaña. En un cartelito dice: "La puerta del hermoso corazón de __________________". Tomas la puerta, y aunque es grande y pesada, puedes abrirla fácilmente. Porque de verdad quiere abrirse a ti. "Hola, qué bueno verte", te dice la puerta. Entras y miras a tu alrededor.

Aquí dentro de la montaña vive tu hermoso corazón. Un corazón que tiene los deseos más profundos para ti. Un corazón que te susurra qué hacer, cuando estás en duda, si tan solo lo escuchas. Un corazón que te ama tanto que es increíble. Un corazón que te llevas contigo donde vayas. Un corazón tan lleno de amor.

Ahora pon tu mano en tu corazón y continuaremos. Respira profundamente.

Ahora ves tu hermoso corazón que vive tan bien dentro de la montaña. ¿Que ves? ¿Cómo se ve tu corazón hoy?

¿Cómo ha estado tu corazón hoy?¿Ha tenido un buen día? ¿Ha estado triste? ¿Ha estado enojado? ¿Lo ha pasado bien?

¿Tu corazón hoy está pequeño o grande?

¿Qué colores tiene?

¿Tu corazón hoy está frío o caliente?

Si hay otras cosas que quieres explorar en tu corazón, hazlo ahora.

No importa cómo ha sido tu día o cómo se siente tu corazón ahora, siempre se puede llenar de amor. Mi amor por ti es enorme. Cada día te envío mucho amor, tanto cuando estamos juntos como cuando estamos separados. Puedes llenar tu corazón con ese amor, y tú mismo puedes también llenar tu corazón de amor. Cuanto más amor llenamos en nuestros corazones, será más fácil que nuestros sueños se hagan realidad. Es mágico.

Ahora es el momento de encontrar el "botón de volumen" en tu corazón. ¿Puedes ver un botoncito en el centro de tu corazón? Sí, justo ahí, en el medio de tu corazón.

Ahora gira el botón y envía amor, luz, calor y felicidad a tu corazón. Solo gíralo y llena con amor tu hermoso corazón.

¿Puedes encontrar el botón? Ahora gíralo y llena tu corazón de amor.

Sigue, un poco más. Y otro poco más. Y apenas un poquito más. Llena tu corazón completamente con amor.

Siente cómo el calor de tu amor se está extendiendo lentamente en tu cuerpo. Siente qué agradable es llenar tu corazón con amor. Tal vez tu amor tiene un color especial. Tal vez se está extendiendo rápidamente, tal vez lentamente.

Siente por ti mismo si tu corazón podría usar un poco más de amor y entonces llénalo aún más. Ahora deja que el amor flote desde tu corazón hacia adentro de tu cuerpo, lentamente:

- hacia tus brazos
- hacia tu cabeza; siempre recuerda tu cabeza - todo el día está tan ocupada, tan ocupada, tan ocupada, realmente necesita amor.
- hacia tu barriguita
- hacia tu espalda
- hasta tus piernas
- tus rodillas
- tus pies
- y hasta abajo hasta tu dedito chico del pie.

Siente por ti mismo cómo tu hermoso corazón puede llenar todo tu cuerpo con amor.

Puedes llenar tu cuerpo con tanto amor que se siente cómo el amor va más allá de tu cuerpo físico. Esta es tu hermosa energía del corazón, que se está extendiendo a todas las personas y animales que tienen la suerte de estar cerca de ti. Tengo mucha suerte de estar cerca de ti ahora mismo. El poder del amor en tu corazón es como la magia más loca. Con ese poder puedes convertir las lágrimas en sonrisas, hacer desaparecer las nubes oscuras y calentar los corazones fríos.

Realmente eres un superhéroe con el poder del amor. Cuida bien de tu poder mágico de amor.

Mi amor por ti es incondicional. Ahora siente por ti mismo cuánto amor contienes tú también. Siente lo agradable que es llenar tu corazón de amor. El amor de otras personas es maravilloso. Sin embargo, el amor que tienes en tu corazón es tu increíble súper poder.

Fin – selecciona el que se adapte a tu situación

De día: Ahora te estás preparando lentamente para volver a esta habitación. Cuando estés listo, abrirás tus ojos y despertarás con un corazón lleno de amor.

Hora de dormir: Ahora estás listo para dormir. Ahora puedes viajar con seguridad a la tierra de los sueños con tu corazón lleno de amor. Duerme bien, mi precioso niño.

Reflexiones luego de la meditación "Lleno mi corazón con amor"

Si tu hijo está durmiendo, puedes quedarte cerca del él un momentito más.

Fíjate cómo te sientes ahora. Escucha todos los pensamientos que pasan por tu mente. Siente tus emociones en tu cuerpo.

Tal vez has llenado tu corazón de amor junto con tu niño. Tal vez ahora quieres llenar tu corazón de amor. Tal vez tu corazón también necesita una recarga después de todas las tareas de hoy Tal vez tú también necesitas dejar tu "País del Cerebro" por un rato y visitar tu "País del Corazón".

Ve en silencio por el prado y entra en tu montaña, y llena tu corazón de amor. Date un momento para tratar de sentir por ti mismo si llenas tu corazón de amor con suficiente frecuencia Muchos progenitores se olvidan y sólo tienden a llenar a todos los demás con amor, ¿no?

Repite las meditaciones después de unos días con tu hijo, cuando esté tranquilo. Fíjate si ya tiene una actitud diferente hacia la meditación. Quizás tu niño te pida por favor que le leas otra vez las historias sobre el corazón. En el futuro, trata de notar si tienes la sensación de haber abierto un canal extra de amor entre tú y tu hijo/a. ¿Cómo te sientes al decir todas esas palabras de amor a tu hijo? ¿Cómo reacciona tu hijo a tus palabras de amor?

Para algunos progenitores, el verbalizar su gran amor por sus hijos puede sentirse muy liberador. Para otros, puede ser intimidante. Esto está muy relacionado con las palabras que uno escuchaba cuando crecía. A pesar de tu propia crianza, ahora puedes elegir por ti mismo qué palabras deseas enviar a través de tu canal de amor a tu hijo. Y tal vez esas mismas palabras se repitan cuando tu hijo algún día abra un canal de amor a su propio hijo.

En nuestra casa, hemos hecho una cancioncita que cantamos de vez en cuando. Se canta en una melodía sencila, un poco al azar, simplemente repitiendo:

> "Lleno mi corazón con amor
>
> Lleno mi corazón con amor
>
> Lleno mi corazón con amor
>
> Lleno mi corazón con amor"

La cantamos cuando sentimos que uno de nosotros necesita amor. Puede ser en el camino a la escuela, en el jardín de infantes, después de una discusión o cuando alguien está molesto. Y debido a que nuestros hijos (que ahora tienen 7 y 9) hanestado haciendo esta meditación regularmente durante varios años (desde que tenían 3 y 6), saben exactamente qué hacer cuando escuchan la canción. De esta manera, pueden ponerse en contacto con las meditaciones en cualquier momento.

Tus propias notas

Cuando conocemos el camino al corazón, podemos encontrarnos allí en nuestro gran amor el uno por el otro.

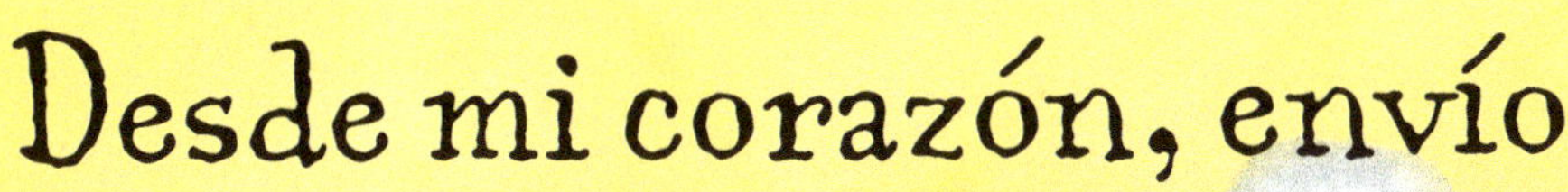

Desde mi corazón, envío

AMOR

Segunda meditación
de la serie
"En mi corazón"

Específicamente para la meditación de los niños "Desde mi corazón, envío amor".

En la primera meditación "lleno mi corazón con amor", le enseñaste a tu hijo a llenar su corazón con amor. En esta meditación, le enseñarás a enviar amor a otros y a recibir de otros.

Al hablar de cómo enviamos y recibimos el amor a distancia, tu hijo obtendrá una sensación extra de ser amado, incluso cuando no están juntos, ya sea debido a que están muy ocupados o durante períodos de separación física.

Para esta meditación, recomiendo que primero te acuestes al lado de tu hijo en la cama o, por ejemplo, en un sofá. Acuéstense de lado, uno frente al otro

Desde mi corazón, envío amor

Hoy nos enfocaremos en cómo enviamos y recibimos amor. Podemos enviar amor a la gente que amamos, incluso cuando no podemos estar juntos. Y de la misma manera, podemos recibir amor de la gente que extrañamos a la distancia y dejarlo flotar en nuestros corazones.

Ahora cierra tus ojos lindos y respira profundamente hacia tu barriguita. Date un tiempo hasta que te sientas más calmado y tranquilo.

Respira. Solo respira. Las respiraciones largas y profundas hacia la barriguita son tan importantes para que podamos calmarnos.

♡ ♡ ♡

(pausa)

Monta sobre tu aliento hasta tu hermoso corazón. Sigue un poco más. Respiraciones profundas y largas.

♡ ♡ ♡

Trata de ver si puedes enviar el aire más profundo hacia tu barriguita cada vez que respiras. Sigue un poco más.

♡ ♡ ♡

Ahora estás de nuevo frente al pequeño y lindo cerco blanco en el prado. El cerco que conoces, de cuando aprendimos a llenar nuestros corazones de amor. Tómate un momento para imaginar todo de nuevo. Ve cómo los colores cobran vida en el prado.

Es verano y está agradable y cálido. Tus dedos de los pies están en la hierba, desnudos. Ahora ves tu montaña a la distancia, y sabes que tu hermoso corazón vive dentro de esa montaña asombrosa.

Empiezas a caminar hacia la montaña.

Ahora has llegado a la montaña. Encuentras rápidamente la puerta que dice: "La puerta al corazón encantador de ____________________".

Como siempre, la puerta se abre fácilmente. Porque realmente quiere abrirse a ti. "Hola," te dice la puerta, cuando entras y miras a tu alrededor. "Bienvenido de nuevo a tu corazón, dulce."

Tu hermoso corazón vive dentro de esta montaña. Un corazón que quiere todo lo mejor en este mundo para ti. Un corazón que te susurra qué hacer, cuando tienes dudas, si tan solo lo escuchas.

Ahora pon tu mano sobre tu corazón, y continuaremos.

♡♡♡

Ahora ya sabes lo que vamos a hacer. Vamos a preguntar cómo se siente tu corazón, y luego vamos a llenarlo con amor.

Así es que dale una miradita a tu corazón. ¿Qué ves? ¿Cómo se ve tu corazón hoy? ¿Cómo se siente?

¿Cómo está tu corazón hoy? ¿Ha tenido un buen día? ¿Ha estado triste? ¿Ha estado enojado? ¿Lo ha pasado bien?

¿Está pequeño o grande hoy? ¿Qué colores tiene?

♡♡♡

¿Está frío o caliente?

♡♡♡

Si hay otras cosas que quieres explorar en tu corazón, hazlo ahora.

No importa cómo se sienta tu corazón ahora, cómo se vea, y cómo haya sido tu día, ahora vamos a repletar tu hermoso corazón con amor. De esta manera puedes terminar cada día con un corazón lleno de amor, que automáticamente te hará despertar por la mañana lleno de la más hermosa y poderosa energía del corazón.

Así es que encuentra ese botoncito en tu corazón, gíralo y llena tu corazón de amor.

♡♡♡

Sigue un poquito más. Llena tu corazón grande y hermoso con amor.

♡♡♡

Llena tu corazón con amor, dale, sigue. Siente lo agradable que es.

Siente el amor que corre desde tu corazón hacia dentro de tu bello cuerpo. Es como una lluvia interior de amor.

♡♡♡

Justo en este momento estoy haciendo lo mismo desde mi corazón. Justo en este momento también estoy llenando mi corazón con amor, y en un minuto, vamos a tratar de enviar amor el uno al otro. En realidad, lo hacemos todo el tiempo sin ni siquiera pensarlo, pero la diferencia ahora es que vamos a prestar mucha atención a lo que sucede cuando nos enviamos amor el uno al otro. Observando la forma en que enviamos y recibimos el amor, podemos aumentarlo cuando lo necesitamos.

Ahora yo tomo una mano tuya y tú tomas una mano mía y las vamos a mover desde nuestro propio corazón al corazón del otro. Y luego estaremos echados aquí y nos daremos cuenta de cómo se siente.

¿Qué puedes sentir? ¿Qué está pasando dentro de ti, cuando sientes mi corazón? ¿Ya puedes sentir todo el amor que tengo por ti? ¿Puedes sentir lo mucho que te amo? Mi amor por ti es tan enorme. Desde la primera vez que te vi, te he amado con todo mi corazón.

Ahora empiezo a imaginar que estoy enviando mucho amor a tu corazón. Estoy enviando amor de mi corazón, hacia mi brazo, hacia mi mano y hasta dentro de tu corazón.

Trata de sentir por ti mismo si puedes percibir mi gran amor por ti. Él vive en mi corazón y ahora fluye directamente de mi corazón al tuyo, porque te amo mucho.

Ahora te estoy enviando mi amor. ¿Puedes sentir mi gran amor por ti?

Ahora te envío mi amor más grande, lleno de luz, calor y alegría para hacerte sentir lo mucho que te amo. Sigue acostado un poco más y siente qué agradable es ser amado de la manera que eres. Y yo siento lo increíble que es poder amarte.

Me siento muy agradecido de que precisamente TÚ seas mi hijo. De que tú y yo seamos familia.

Ahora voy a aumentar mi amor un poco más. Trata de sentir que lo estoy haciendo. ¿Puedes sentirlo?

Ahora es tu turno de intentar enviar un poco de amor. El amor funciona de muchas maneras. Podemos llenar nuestros propios corazones de amor, podemos recibir el amor de los demás, y también podemos obtener más amor de amar a los demás. Cuando amamos a los demás mucho, nuestros corazones se llenan automáticamente de aún más amor. Cuanto más aumentemos el amor en nuestros corazones, más podemos amar a los demás.

Cuando estés listo, vas a cerrar tus ojos y te concentrarás en tu hermoso corazón que acaba de llenarse con amor.

Encuentra el pequeño botón en tu corazón otra vez. Cuando lo hayas encontrado, imagínate enviando una ola, un flujo, un rayo de amor a través de tu brazo y tu mano y directamente a mi corazón.

Tus manos son canales increíbles para tu súper-poder de amor.

Puede sentirse como amor, luz, calor o alegría. La forma en que lo hacemos es diferente de persona a persona, así que trata de encontrar tu propia manera de hacerlo. Ya sé que puedes, porque frecuentemente siento el gran amor que me estás dando.

Se siente bien cuando me envías tu amor. Es como si pudiera sentir ese poder mágico y especial del amor que guardas dentro de ti.

Ahora intenta ver si puedes aumentar o disminuir tu flujo, tu rayo o tu onda. Después, puedes decidir por ti mismo cuánto quieres enviar. Continúa un poco más, hasta que puedas sentir que has enviado una buena porción de amor

Y luego lentamente disminuye el rayo, la onda o el flujo y vuelve a ti mismo. Lleva el poder del amor de regreso a casa.

Muchas gracias por este gran amor que me has enviado. Significa tanto para mí acostarme cerca de ti y sentir tu amor. Me siento tan bendecido/a, agradecido/a y amado/a en este momento. Gracias.

♡ ♡ ♡

Ahora tratemos de enviar amor a alguien que no está aquí en este momento. Trata de extender las manos hacia los lados de modo que tus palmas apunten hacia afuera. Entonces imagina que tienes dos poderosos canales de amor en tus manos. Al igual que el personaje de cuento de hadas más increíble o un superhéroe buena onda, puedes enviar tu poder de amor a través de tus manos. No puedes imaginar lo lejos que llega en el mundo. Tu poder del amor es enorme y es un manantial tan fuerte. Ahora trata de enviar tu amor a través de tus manos. Piensa en alguien por ahí a quien te gustaría alcanzar con tu poder de amor.

Podría ser alguien que te importa o alguien a quien extrañes. Imagínatelo en tu mente - y observa cómo recibe tu amor en su corazón.

Trata de aumentar y de disminuir tu poder de amor.

¡Excelente! Eres tan bueno para amar. Apuesto a que la persona en la que estás pensando hace ahora mismo una pausa donde quiera que esté y sonríe. Y con cada sonrisa que generas en este mundo, haces del mundo un mejor lugar para vivir.

Antes de que terminemos, debemos asegurarnos de que tu propio corazón todavía está lleno. Así es que ahora terminarás llenando tu corazón con un poco más de amor a ti mismo. Encuentra el botón y replétate de amor. A veces damos todo lo que tenemos a los demás y nos olvidamos de nosotros mismos. Siempre necesitamos recordar amarnos profundamente. Y entonces automáticamente habrá más poder mágico de amor en nuestros corazones.

Cuando hayas llenado de nuevo tu propio corazón, puedes recostarte y pensar en todo el gran amor que acabas de enviarme y sentir el amor que te he enviado. Qué increíblemente afortunados somos de ser tus progenitores. De todos los niños en el mundo entero - me siento tan bendecido/a por recostarme aquí contigo y tener el privilegio de ser tu papá/mamá. Te quiero muchísimo.

De esta manera, siempre podemos enviarnos amor el uno al otro. Ni siquiera necesitamos recostarnos juntos y sostenernos las manos.

Porque el poder del amor está lleno de una energía que puede dar la vuelta al mundo entero. Así es que no importa cuán lejos o apartados estemos, siempre podemos enviar amor a los demás y recibirlo de ellos.

Fin - elige el que se adapte

De día: Ahora es hora de volver a la habitación. Cuando estés listo, abrirás tus hermosos ojos y despertarás con un corazón lleno de amor.

Hora de dormir: Ahora estás listo para dormir con tu hermoso corazón lleno de amor. Que duermas bien.

Reflexiones luego de la meditación "Desde mi corazón, envío amor"

Observa cómo te sientes en este momento. Escucha todos tus pensamientos a medida que surgen. Si hijo está dormido, puedes descansar un poco más. Quizás ahora sientas ganas de llenar tu corazón de amor. Tal vez quieras enviar amor a alguien que te importa o a alguien que extrañas. Ve en silencio por el prado, hacia dentro de tu montaña, llena tu corazón de amor, y comienza a enviar amor a alguien que tengas en mente.

Repite las meditaciones en unos días con tu hijo. Una vez que se sientan cómodos con este ejercicio, pueden intentar hacerlo sin tener la mano en el corazón del otro. Acuéstense con más y más distancia entre ustedes y practiquen el envío de amor a distancias cada vez mayores.

Por ejemplo, si mi marido está en un viaje, le envío amor junto con mis hijos. Cuando los tres le enviamos amor al mismo tiempo y nos tomamos de las manos, nuestro amor puede volar hasta Asia, donde a menudo viaja, y podemos sentir que da un paso hacia adelante para recibir nuestro amor en su corazón donde quiera que esté. Eso les da a los niños una sensación de contacto con su progenitor, aunque esté muy lejos.

Trata de poner tu mano sobre el corazón de tu hijo en otras situaciones e idea una señal mutua de que ahora estás enviando amor. Puede ser cuando tu hijo/a se va a la cama, después de un conflicto, o cuando ustedes van a estar separados unos de otros durante un tiempo. Crear una pequeña señal de amor que puedan usar entre ustedes.

En nuestra casa, señalamos que estamos enviando amor el uno al otro, poniendo nuestra mano en nuestros propios corazones y luego volteándola hacia la otra persona. Si me despido de mis hijos en la escuela, cuando están de pie detrás de una ventana entre o con otros niños o maestros, tenemos nuestra pequeña señal silenciosa para decirnos que estamos pensando en el otro y enviando amor.

Como progenitores, enviamos muchos pensamientos amorosos a nuestros hijos durante todo el día. Recuérdale a tu hijo que le estás enviando tu amor, incluso cuando no están juntos físicamente.

Y recuerda a tu hijo que siempre puede enviarle el amor de su corazón a ustedes o alguien a quien extraña o por quien se preocupa. De esta manera, ustedes están abriendo su canal de amor, incluso cuando no están juntos.

También puedes tratar de fijar un momento específico para enviarse amor entre ustedes. Si sabes que tu hijo está haciendo algo especial durante el día que puede ser difícil, puedes decirle que enviarás amor y ayuda precisamente en el momento en que el desafío está teniendo lugar. Si mi hija mayor está molesta en la escuela, pone su mano en su corazón y extrae un poco del amor que ella sabe que le estoy enviando, y encuentra consuelo.

Trabajaremos más en recobrar el amor en la tercera meditación en esta serie, "Mi nube está llena de amor".

Variaciones:

Cuando se hayan familiarizado con enviarse amor entre ustedes, pueden intentar enviar amor a otros también. Aquí hay algunos ejemplos:

Hermanos:

Enviarse amor el uno al otro es poderoso y reconfortante para los hermanos. Pídeles que se echen el uno frente al otro y hagan juntos el ejercicio. Enséñales que están hechos el uno para el otro y que tienen un amor eterno el uno por el otro.

Diles que el amor entre hermanos es tan fuerte que pueden compartirlo por el resto de sus vidas, ya sea que estén juntos o separados. Hacer el ejercicio cuando los niños están jugando bien juntos, y luego intentarlo en otro momento cuando han tenido un conflicto. Observa lo que ocurre entre los niños después de la meditación. Fíjate si su relación mutua cambia cuando se envían amor mutuamente. Si se están yendo de vacaciones juntos y hacen diariamente, puedes crear una química muy especial entre tus hijos durante las vacaciones.

Familiares y amigos:

Tu hijo también puede compartir el amor con familia y amigos que él no ve mucho y a los que extraña. Tal vez uno de los progenitores viaja mucho, o los progenitores viven separados. Tu hijo también puede compartir el amor con un abuelo o un buen amigo de la familia que no está cerca.

Pídele a tu hijo que piense en la persona que extraña y quiere. Comienza por pedirle a tu hijo que imagine cómo se ve esa persona. Luego pídele a tu hijo que llene su corazón de amor y envíe amor en un viento, una ola o un rayo a la persona que no está presente.

Deja que tu hijo disfrute de la sensación de compartir este amor con la persona a quien quiere, ya sea que estén cerca o muy separados.
Podrías explicar este ejercicio a la persona en la que tu hijo está pensando, y dejar que esa persona envíe amor a tu hijo. Para tu hijo será agradable poder hablar con, por ejemplo, una abuela sobre enviarse amor entre ellos cuando están separados. Sería

bueno compartir las meditaciones con esta persona que está físicamente distante, abriendo la posibilidad de que haya aún más amor en la vida de tu niño.

Otros ejemplos para el buen uso de esta meditación son: familias de soldados, progenitores en prisión, progenitores enfermos en hospitales, etc.

En conflicto:

También podemos enviar amor a alguien con quien estamos en conflicto, para tratar de abrirnos a la comprensión, amabilidad y perdón en nuestros corazones. No es fácil, pero tiene un gran efecto. Cuando enviamos amor a alguien con quien estamos en conflicto, no podemos dejar de cambiar nuestra visión de la persona. Vemos a esa persona bajo una luz más cálida, y podemos encontrar nuevos caminos hacia la reconciliación.

Los niños suelen encontrar este ejercicio más fácil, porque su irritación por lo general no es tan profunda como la ira de un adulto. Esto hace que la meditación sea una herramienta muy útil para los niños en los conflictos.

Pruébalo tú mismo también. Puedes realmente construir puentes. Después de todo, todos somos humanos, y si podemos estar de acuerdo en algo, seguramente será en que todos anhelamos el amor.

Cuando te sientas cómodo con esta meditación, por favor continúa con la meditación, "Mi nube está llena de amor", que le enseña a tu hijo a recobrar el amor que le envías en tu nube de amor.

Tus propias notas

Aprendemos que
el amor es una energía que
puede viajar a lo largo de
una distancia y podemos
recibir un abrazo cuando
echamos de menos.

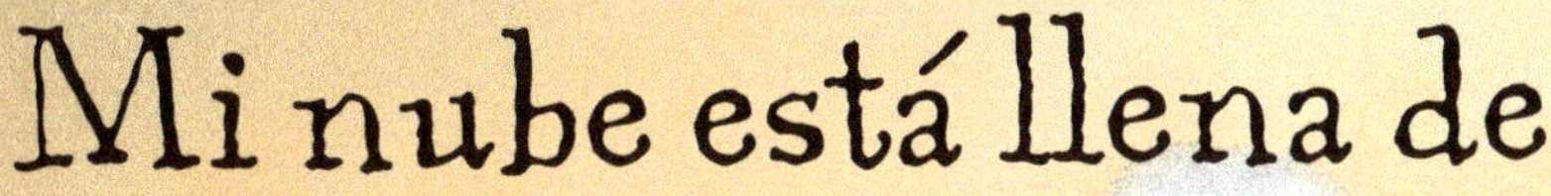

Mi nube está llena de AMOR

Tercera meditación
de los niños en la serie
"En mi corazón"

Específicamente para la meditación de los niños "Mi nube está llena de amor"

Imagina el placer en el corazón de tu hijo si él supiera con qué frecuencia piensan acerca de él durante su día. Con esta tercera meditación del corazón, tendrás la oportunidad de expresar cuántas veces piensas sobre tu niño y cuánto amor le envías con esos pensamientos cada día.

Un amor que tu hijo puede recoger en la nube y con el que puede llenar su corazón cuando lo necesite.

Mi nube está llena de amor

Es especial que comparta esta meditación contigo, porque te mostrará lo mucho que pienso en ti todos los días. Pienso en ti cuando estamos juntos, pero también pienso en ti cuando estamos separados.

Si supieras cuántas veces pienso en lo maravilloso que eres y cuánto te amo cuando estoy lejos de ti, serías feliz en tu corazón.

Cuando sepas con qué frecuencia pienso en ti, cuando no estamos juntos, sentirás que estoy más cerca de ti de lo que a veces piensas.

Hoy vamos a dar una mirada más cercana a una pequeña nube en el cielo que siempre flota por encima de ti. En esa nube vive mi amor por ti, y si llegas a conocer la nube, sabrás que siempre estoy contigo, no importa lo lejos que nos encontremos. De hecho, la nube está llena del amor de TODAS las personas que te quieren y te tienen en sus corazones.

La nube es muy buena onda y ya sabe tu nombre, porque es una muy buena amiga. Siempre ha sido tu amiga y siempre ha estado allí, y hoy vas a conocerla muy bien.

Así es que cierra los ojos y respira profundamente hacia tu barriguita. Intenta ver si puedes echarte quieto.

Respira lentamente. Trata de respirar más profundamente hacia tu barriguita cada vez que inspiras.

Siente cómo tu barriguita sube y baja. Sube y baja. Siente cómo tu cuerpo se relaja.

Respira por tu nariz, y hacia fuera por tu boca.

Ahora estamos recostados aquí muy quietos, descubriendo nuestro camino hacia nuestra propia paz, y simplemente esperando a que encontremos la nube.

Respira profundamente un poco más.

♡ ♡ ♡

Imagínate que estás parado/a en ese prado verde hermoso, en frente de tu montaña. Puedes ver la montaña justo en frente de ti. La gran puerta de madera está abierta, y detrás de la puerta puedes ver tu corazón. Tu corazón grande, encantador y hermoso. Entra nomás y ve cómo se siente tu corazón hoy.

♡ ♡ ♡

Cuando hayas chequeado cómo está tu corazón, comienza a llenarlo de amor como lo has hecho antes. Siempre es agradable visitar tu corazón y llenarlo de amor.

Encuentra el botón y aumenta tu poder mágico de amor.

Ahora imagina que estás viendo un bonito hilo de seda colorido saliendo desde tu corazón a través de un pequeño agujero que está arriba en tu montaña.

A través del pequeño agujero, puedes percibir una nubecita que te saluda. Sal por la puerta de nuevo y mira hacia ese agujerito en la montaña, donde el hilo de seda está saliendo. El hilo de seda es tan bonito adentro como afuera de tu montaña. De hecho, es aún más colorido fuera de la montaña, donde el sol está brillando tan bellamente sobre ella. Lleva todos los colores de tu corazón, y resplandece en la luz. Es tan lindo. Guau! Míralo nomás, tan hermoso.

Trata ahora de seguir el hilo de seda con los ojos y ver cómo se une a la nubecita más bonita en el cielo. Tu nube. Tu linda y hermosa nube de amor.

¡Escucha! La nube te está hablando. "Hola, ______________________" te dice la nube. Tiene una voz amorosa, porque está llena de amor.

"Tenía tantas ganas de que me percibieras. Si extrañas a alguien que amas o si te sientes solo, siempre puedes jalarme más cerca de ti como un globo en una pita. Siempre estoy lista para venir con abrazos y besos de toda la gente que amas y que te ama", dice la nube.

Esta hermosa nube está llena de todo el amor que yo y todos los que te amamos profundamente te enviamos todos los días a través de nuestros pensamientos amorosos y con nuestra energía del corazón que corre libremente.

Muchas veces durante el día, cuando no puedo estar contigo, pienso en ti y te extraño y espero verte de nuevo. Pienso en lo que podrías estar haciendo y en cómo estás. Cuando pienso en ti, te envío una corriente de amor. Imagina ahora que todos estos pensamientos amorosos fluyen desde mi corazón hacia tu nube, que está conectada con tu corazón.

Desde la nube, puedes recoger un lindo rayo de amor tantas veces como quieras. Como el mejor y más brillante rayo de pensamientos lleno de amor y gratitud por ser tu progenitor. Estoy tan feliz de que tú- justo tú- seas mi hijo.

Ahora mira hacia arriba y ve tu nubecita flotando por encima de ti donde quiera que vayas. Imagínate que estás en la escuela o en el jardín de infancia sentado en una silla, o tal vez jugando en el jardín, o en el patio de recreo. Imagínate que miras hacia arriba mientras estás haciendo algo y ves tu hilo de seda flotando en el aire hasta tu nubecita.

Ahora imagina que estás agarrando el hilo de seda y jalando la nube para acercarla -tan cerca que puede llegar hasta abajo y abrazarte. Tu nube está llena de abrazos y amor de todos nosotros que te amamos. Hay tanto amor en esa nube. Seguimos llenándola para que nunca se vacíe.

Trata de sentir esos ricos abrazos, cálidos y todo el hermoso amor que tu nube contiene. Observa cómo quedas envuelto en el cálido abrazo de la nube. La nube te dice que el amor viaja contigo a todas partes, porque eres tan querido.

Ahora jala la nube más cerca de ti y déjala ir otra vez. Más cerca y más lejos. Más cerca y más lejos.

Decide qué tan cerca quieres tener a la nube, o qué tan cerca tiene que estar. Cada día puedes cambiar fácilmente el sitio donde quieres que esté la nube. Algunos días es agradable tenerla colgando justo sobre tu hombro, mientras que en otros días quizás quieras enviarla arriba hasta el cielo.

Imagina otra vez el patio donde estás jugando. ¿Puedes ver a todos los niños corriendo alrededor? Trata de mirar hacia el cielo. ¿Puedes ver que cada uno de los niños tiene su propia nube?

Todos los niños tienen una nube de amor. Pero no todos los progenitores les han contado a sus hijos sobre la nube todavía. No importa si los niños saben de su nube o no, está colgando justo sobre sus cabezas.

Mira a tu alrededor en el patio de recreo y observa que algunos de tus maestros y del personal de la escuela también tienen nubes de amor sobre sus cabezas. Algunos adultos saben de sus nubes, y otros no. A lo mejor sus progenitores/madres aún no les han hablado de sus nubes. Así es que tienes tanta suerte de conocer tu nube desde niño/a. Y yo estoy muy feliz de contarte sobre tu nube especial.

Nuestras nubes están con nosotros dondequiera que vayamos, no importa cuántos años tengamos. En este momento, mi nube también está conmigo, y está colgando por encima de mi cabeza. ¿Tal vez puedas ver la mía también? Todas las personas que me aman me ayudan a llenar mi nube con amor. Así que cuando piensas en mí durante el día y me envías un pensamiento amoroso, termina aquí mismo en mi hermosa nube. Y por eso te doy las gracias y me siento muy bendecido.

♡♡♡

Ahora mantén tus ojos cerrados y percibe la habitación donde estamos. Tu nube puede estar justo aquí en la habitación. O podría estar en el cielo oscuro afuera. Imagina que estás mirando por tu ventana hacia el cielo oscuro fuera de la casa en este momento, y siente la nube allá arriba.

Escucha la nube que te llama. "Hola, ______________ .
Aquí estoy. Estoy tan feliz de que ahora me conoces. He estado aquí todo el tiempo, pero ahora que me conoces, es más fácil para mí ayudarte cuando estás triste o necesitas un abrazo. Me gustaría mucho darte todos los abrazos y pensamientos amorosos de tu mamá y papá y todas las personas que te aman. Todos sus pensamientos amorosos están aquí dentro de mí esperando por ti. Así que sólo jala de tu hilo de seda, dulce ______________ ,
y yo bajaré a ti y te daré un abrazo. Un abrazo lleno de amor, luz, calor, alegría y seguridad de parte de tu mamá y papá.

Recuerda que siempre estoy contigo, no importa a dónde vayas. "Ven, llenemos tu corazón de amor juntos. Simplemente llénalo cuando estés listo y te ayudaré a enviarte el amor de tus seres queridos. ¿Estás listo? Aquí vamos. Sólo sigue llenándolo. Tal vez puede caber en un poco más. Ahí vamos – ¡sigue adelante! Un poco más."

Reflexiones luego de la meditación "Mi nube está llena de amor"

Si tu hijo se ha quedado dormido, puede seguir recostado un poco más y reflexionar sobre tus propias reacciones a la meditación. Tal vez quieres pensar en tu propia nube un poco. Observa cómo te sientes ahora mismo. ¿Puedes sentir su propia nube de amor?

Tú también tienes tu propia nube

Trata de pensar en tu propia infancia. ¿Tienes la sensación de tener una nube o algo similar? ¿Tus progenitores usaron símbolos similares? ¿Cómo fue tu sensación de estar conectado con tus progenitores cuando eras niño? ¿Cómo es tu sentimiento de estar conectado con ellos hoy? ¿Quién más está llenando amor en tu nube? Piensa en todas las personas que tienes a tu alrededor que piensan en ti y te envían pensamientos amorosos que terminan en tu nube.

Si tus progenitores todavía están vivos, también están pensando en ti todos los días y llenando el amor en tu nube - incluso en sus propias maneras peculiares. Si ya no están vivos, pueden pensar en todo el amor que ya han puesto en tu nube y saber que incluso los viejos amores pueden vivir en la nube y nunca se acabarán.

Dependiendo de tus creencias, podrías pensar que ellos todavía están llenando amor en tu nube desde donde están hoy. Para mí ese pensamiento es tan espléndido.

Tu pareja o un buen amigo también pueden llenar tu nube con amor. ¿Cómo es tu sentimiento de estar conectado con tu pareja o un buen amigo hoy?

Y recuerda que tu hijo también te envía mucho amor durante el día, amor que también termina en tu nube. Tal vez más amor de lo que imaginas. También perciban cuántas nubes maravillosas ayudan a llenar tus pensamientos amorosos cada día. Luego, puedes tratar de hablar sobre la pequeña nube con tu hijo. Puedes preguntarle a tu hijo sobre la nube, recordándole la nube y describiendo los pensamientos que estás enviando a tu hijo. Dale ejemplos de tus pensamientos a veces, para que los pensamientos se vuelvan más concretos para tu hijo.

Niños que pasan por una pena - un abrazo desde el firmamento

Según tus creencias, la nubecita puede ser un simpático símbolo de amor para tu hijo si le van a decir adiós a alguien a quien aman.

Como he dicho antes, las nubes pueden flotar todo el camino hasta el firmamento.

Cuando amamos con todo nuestro corazón, y tenemos que decir adiós, vienen naturalmente a nosotros palabras grandes. El solo escribir esas palabras hace que se me haga un nudo en el estómago y que se me apretuje la garganta, porque decir adiós a la gente que más amamos es doloroso. Para los niños el dolor es también insoportable.

Si tu hijo está diciéndole adiós a alguien a quien siente muy cerca, Uds. pueden ponerse de acuerdo en que tu hijo puede enviar su nube de amor hacia el firmamento y dejar que la persona, que pronto (o ya) pertenece al firmamento, llene aún la nube de amor.

Un amor que tu hijo puede recobrar cuando sienten nostalgia, jalando la nube hacia él/ella y recibiendo un abrazo desde el firmamento o desde el cielo, según quieran.

Llénenla desde París

En nuestra casa, a menudo hablamos de nuestras nubes. Mi hija mayor (que tenía entonces 7 años) me preguntó un día: "Cuando he tomado todo el amor que necesito de mi nube, ¿puedo dar lo que queda a otros niños de mi clase, que también necesitan amor?"

¡Claro que ella puede hacer eso! Sin embargo, también tuvimos una buena charla sobre cómo todos los niños tienen una nube, que la mayoría de los progenitores aman a sus hijos mucho y que les envían mucho amor a sus hijos durante su día de trabajo, pero que algunos progenitores todavía no les han contado sobre la nube.

Unas semanas más tarde, yo iba a viajar a París, y mi hija menor (que tenía entonces 5 años) estaba triste, cuando la dejé en el jardín de infantes. Le pregunté si podía ver su nube, y dónde estaba. -Señaló a su hombro y dijo-: "Aquí está, mamá, porque hoy tengo que tenerla muy cerca de mí. Porque ya te extraño." Por la noche, cuando la estaba acostando y le estaba diciendo adiós, ella estaba de buen humor, y le pregunté dónde estaba la nube en ese momento. "Muy arriba entre las estrellas, mamá, porque de esa manera es más fácil que tú la encuentres cuando estés en París. Y entonces puedes llenarla con amor, aunque estés lejos." Así, ella tiene la sensación de poder acercar la nube cuando me extraña.

El amor es exactamente igual; lo bueno de las meditaciones es que los niños obtienen un lenguaje de amor, y que podemos hablar del amor que ya existe y está creciendo entre nosotros.love. Clouds can as I mentioned before float all the way up into the sky.

Tus propias notas

Tus propias notas

Una vez que entendamos
que el amor es una energía
que puede viajar en el
tiempo y en el espacio,
también podemos enviarla
en el universo y aprender
a enfrentarse al mundo
con el corazón abierto.

Con el universo, comparto mi AMOR

Cuarta meditación
de los niños en la serie
"En mi corazón"

Específicamente para la meditación de los niños "Con el universo, comparto mi amor"

En esta cuarta meditación, tu hijo aprenderá a compartir su amor con el universo y con los niños que no experimentan el mismo tipo de amor que ustedes afortunadamente tienen en su familia.

La meditación tiene tres objetivos generales. El primero es capacitar a tu hijo para sentir empatía y agradecimiento. El segundo es crear una sensación de ser capaz de hacer una diferencia en el mundo abriendo su corazón. El tercer propósito es crear una sensación de conexión con el universo en tu hijo.

Cuando empezamos a trabajar con el sentimiento de mantenernos unidos en el universo y el sentido de que podemos afectar la vida de otros a través del amor, creamos un maravilloso sentimiento de cohesión y unidad, que es mucho más agradable que el enfoque individualista y algo duro, enfocado en el desempeño con el que creció mucha gente en nuestra generación.

Cada progenitor tiene sus propias ideas de lo que los niños deben saber sobre lo que está sucediendo en el mundo. En esta meditación hablaré de niños solitarios, y tocaré el tema de la guerra y el hambre. Tú puedes elegir agregar más o menos detalles de acuerdo a la edad de tu hijo y tus propias ideas sobre lo que quieres que tu hijo sepa acerca de los niños del mundo.

Con el universo, comparto mi amor

Hoy estamos enviando nuestro amor hasta arriba, a las estrellas. ¿Sabías que tu amor puede flotar hacia allá arriba hasta las estrellas? Tal vez también has mirado hacia arriba a las estrellas y has pensado: "Hay tantas estrellas, y son tan hermosas".

Hoy estamos jugando con la magia del amor de las estrellas, y vas a ver que tu propio amor también es mágico. Realmente eres un superhéroe con un poder único de amor. Cuando miras hacia el cielo lleno de estrellas, está tan lejos que otros niños de todo el mundo pueden ver las mismas estrellas que tú. Los niños de todo el mundo miran hacia las estrellas. En todo el mundo, a los niños y a los adultos les gustan las estrellas, y muchas personas piensan que las estrellas son mágicas.

Cuando vemos una estrella fugaz, un deseo puede hacerse realidad. Hay un poemita lindo, que dice así:

> Luz de estrella,
>
> brillante estrella,
>
> la primera estrella que veo esta noche bella
>
> deseo que pueda,
>
> deseo que pueda
>
> obtener el deseo que deseo esta noche bella

Las estrellas significan muchas cosas para nosotros, y unimos muchas emociones a las estrellas. Cuando alguien muere, a veces decimos que se han convertido en una hermosa estrella brillante en el cielo. Algunos inteligentes científicos piensan incluso que estamos hechos nada menos que de polvo de estrellas. De esa manera, podemos decir que nosotros mismos somos estrellas brillantes. Nuestra luz interior brilla cuando escuchamos nuestros corazones y confiamos en que la voz de nuestro corazón es verdadera. Imagínate si enciendes tu luz interior en tu corazón con tu amor y una estrella te está mirando hacia abajo pensando "qué niño hermoso, cariñoso, lleno de luz".

Igual, tú también eres una estrella brillante en la noche. Debes saber que siempre puedes entrar en tu corazón y aumentar tu luz con tu gran amor.

Ahora comienza por cerrar tus lindos ojos y recostarte cómodamente.

Sólo cierra tus lindos ojos ahora, y siente la paz que se extiende por todo tu cuerpo.

♡ ♡ ♡

Siente cómo tus fuertes músculos están comenzando a relajarse. Percibe los sonidos a tu alrededor y déjalos flotar, mientras te concentras en tu respiración.

♡ ♡ ♡

Respira profundamente hacia tu barriguita. Continúa respirando más y más aire. Respira a través de tu nariz, y hacia fuera a través de tu boca. Cada vez, trata de respirar aún más hacia tu barriguita.

Continúa un poco más. Pon tu mano en la parte de abajo de tu barriguita y siente que se mueve hacia arriba y hacia abajo cuando el aire entra y sale de tu barriguita.

Ahora, entra en tu corazón. Mira y siente cómo le ha ido a tu corazón hoy. ¿Cómo ha sido el día para tu hermoso corazón?

¿Tu corazón tuvo un buen día o un mal día? ¿Un día divertido? ¿O un día loco? ¿Un día tranquilo o un día ocupado? Tal vez puedas ver algunos colores en tu corazón. Tal vez puedes ver si tu corazón está grande o pequeño hoy. No importa cómo ha sido el día para tu corazón, siempre se puede llenar de amor antes de ir a la cama.

A tu corazón le encanta cuando vienes a visitarlo, cuando sueltas los pensamientos en tu cabeza por un rato y llevas tu atención a tu cuerpo para ver cómo está tu corazón.

Afortunadamente, hay muchas familias con mucho amor. Pero desafortunadamente, no todos los niños crecen con el tipo de amor que compartimos. No todos los niños crecen con sus progenitores.

Algunos niños ni siquiera tienen una casa. Algunos no tienen una cama, y tienen que dormir donde sea en que puedan encontrar un lugar, a veces incluso en la calle.

Muchos niños se sienten solos en el mundo. Algunos progenitores de los niños han muerto, otros progenitores están enfermos y otros han sido obligados a alejarse de sus hijos, por ejemplo, debido a la guerra o el hambre.
Tenemos muchas razones para estar muy agradecidos por el amor que compartimos en nuestra familia. Es agradable sentirnos agradecidos y comprender lo afortunados que somos.

Aquí viene la parte mágica. Con un poco de ayuda de las estrellas, en realidad podemos compartir nuestro amor con los niños que necesitan amor en sus vidas. Podemos compartir nuestro gran amor y sentirnos conectados con los niños de todo el mundo. Déjame decirte cómo.

Acabas de llenar tu corazón de amor. Eso es importante, porque cuando nos amamos y nos llenamos de amor, también es más fácil para nosotros ayudar a otros.

De la misma manera en que podemos enviarnos amor entre nosotros, tú puedes mandar amor hacia el universo con tu súper poder mágico de amor.

♡♡♡

Así que imagínate ahora que estás enviando amor por los canales mágicos del amor en tus manos a través del techo. También puedes dejar volar el amor por la ventana o flotar para arriba en la chimenea. Encuentra la manera que más te convenga.

Ahora, mira tu amor salir de la casa en una ola o un rayo, y cómo sigue todo el camino hasta las estrellas. Flota sobre tu amor todo el camino hasta las estrellas. Tal vez es un poco más lejos. Tal vez ya estás ahí.

Cuando llegues a las estrellas, imagina que tu amor es polvo mágico, el más fino, el más bonito. Tal vez es de oro, o tal vez tiene colores. Solo tú lo sabes. Ahora imagina que estás flotando con tu amor de estrella en estrella y, en silencio, rociando tu amor sobre las estrellas. Obsérvalo mientras aterriza tan perfectamente justo sobre las estrellas. Tal vez tienes amor para muchas estrellas; tal vez quieres rociar todo tu amor en unas cuantas estrellas, o tal vez sólo en una estrella - tú decides cómo lo sientes. Sigue un poco más.

Ahora mira cómo el polvo de amor mágico que has rociado brilla como la más hermosa y clara luz de las estrellas. El amor ahora brilla tan nítido y maravilloso encima de estas estrellas bonitas.

Simplemente continúa un poco más, y disfruta viendo tu amor brillar en las estrellas en la noche.

Ahora imagina a un niño solitario en algún lugar de la tierra.
Un niño que está mirando hacia arriba, a las estrellas en este momento, y pidiendo más amor en la vida. Imagina al niño, cómo es y siente cómo crees que se siente ese niño. A los niños no les gusta sentirse solos. Todos los niños quieren amar y ser amados.

¡Y mira lo que pasa ahora! Ahora tu polvo hecho de amor está lloviendo sobre ese niño y llenando el corazón de ese niño con amor. En este momento, ese niño está sintiendo tu amor. Ahora mismo, estás llenando el universo de amor. Y ahora, ese niño sabe que, en algún lugar de la tierra, hay un amigo que está dispuesto a compartir su amor.

Ese amigo eres tú, y ahora mismo tu amor se está extendiendo hacia el universo y alcanzando el corazón de un niño solitario. Siente por ti mismo cómo se siente eso dentro de ti. Sentir lo agradable que es extender el amor a las personas que más lo necesitan.

Siente cómo extender el amor también es muy agradable para ti. Todos podemos extender nuestro amor a esos niños y adultos solitarios que viven con nosotros aquí en la Tierra mirando las mismas estrellas en la noche. Las estrellas nos conectan y nos dan el valor para creer y esperar.

Final - elige uno que corresponda

Día: Ahora estás listo para volver a la habitación o a la sala de estar. En silencio, abrirás tus ojos y despertarás con tu corazón lleno de amor. Sabrás que tu amor se está extendiendo hacia el universo.

Siesta o noche: Ahora estás listo para dormir con tu corazón lleno de amor, sabiendo que tu amor se está extendiendo hacia el universo. Duerme bien, cariño.

Reflexiones luego de la meditación "Con el universo, comparto mi amor"

Fíjate cómo te hace sentir esta meditación. ¿Qué significa para ti ver a tu hijo extendiendo su amor al universo? ¿Qué pensamientos vienen a tu mente sobre tu propio amor? ¿Sobre tu propia conexión con el universo y con la gente solitaria en la tierra?

Si te apetece hacer el mismo ejercicio por ti mismo, vuela hasta las estrellas y extiende tu amor como el polvo mágico más fino sobre las estrellas. Observa quién está pidiendo tu amor en este momento, y cómo te sientes al saber que tu amor puede ser compartido con otras personas, que podrían estar muy lejos, a través de las estrellas.

Tal vez encuentres a través de la meditación que la sensación de mayor conexión es también agradable para ti. Cuando vivimos en una cultura individualista, aprovechar este sentimiento de conexión puede ser increíblemente agradable.

Tal vez, en el tiempo después de la meditación, querrás enviar amor a los extraños en tu camino. Puede ser a las personas sin hogar, a los que están ocupados, a los errantes, a los enfermos, a los moribundos - o a alguien que conoces. Tu amor puede extenderse a través de una mirada amorosa, una mano amiga, una palmadita en la espalda. Tu amor puede llegar increíblemente lejos, sólo con ponerle un poquito más de atención... y prestar más atención a las limitaciones que tiene tu amor, y pensar de dónde vienen esas creencias que te limitan.

Estas meditaciones hacia el universo son increíblemente poderosas y tienen un buen efecto en nuestra producción de hormonas. Observa lo que está sucediendo en tu cuerpo. Observa lo que está sucediendo en tu corazón. Observa cómo te sientes ahora mismo.

Tus propias notas

Tus propias notas

¿Qué meditación te gusta más?

Conversación después de la meditación

Podemos aprender mucho sobre el amor si escuchamos las experiencias de meditación de nuestros hijos. Aquí hay algunas preguntas para ayudarlo a comenzar. Venga con más para usted.

¿Qué meditación es tu favorita?

1. Lleno mi corazón de amor (verde)
2. Desde mi corazón, envío amor (amarillo)
3. Mi nube está llena de amor (naranja)
4. Con el universo comparto el amor (morado)

¿Por qué te gusta más?

¿Cómo se siente esa meditación dentro de ti?

¿Lo viste como una pequeña película? Si es así, ¿qué vite?

La puerta de entrada a la tierra de los sueños está escondida en nuestros corazones. Muchos niños duermen mejor con la meditación. ¿Las meditaciones también te han hecho dormir más fácil, mejor o más rápido?

¿Cómo te sentiste cuando te despertaste al día siguiente?

¿Recuerdas lo que soñaste después de la meditación?

Consejos para recordar tus sueños: Di en voz alta antes de acostarte que recordarás tus sueños. Primero pregunte cuando se despierte de nuevo; ¿Con qué has soñado? (Podemos aprender mucho de nuestros sueños).

¿Te gusta dibujar?
¿Cómo es tu
montaña de amor?

¿Cómo es tu corazón?

Si recuerdas lo que soñaste, puedes dibujarlo aquí:

Si pudieras ver imágenes, dibuja una de ellas aquí:

Dibuja tu corazón o montaña de amor aquí con todos los colores y detalles que has visto o sentido:

Sobre la autora

Gitte Winter Graugaard (1977) escribió Meditaciones infantiles En mi corazón. Ella tiene un fuerte deseo de ayudar a las familias a obtener más equilibrio, para que podamos disfrutar del maravilloso tiempo que tenemos con nuestros hijos antes de que salgan volando del nido.
La meditación del corazón en una montaña es una tradición antigua en muchas culturas y religiones. En este libro Gitte ha reescrito la esencia para los niños y ha añadido símbolos de amor en un intento amoroso de crear un lenguaje de amor especial que las familias de todo el mundo puedan compartir.

Gitte tiene una Maestría en Ciencias en Negocios Internacionales; ha trabajado en comunicación en los últimos años; ha escrito varios libros; y es instructor certificado en Coaching para el Dominio de Nuestra Vida, en Mentoría y Transformación del Corazón Interior, y en Instrucción para la Contemplación. Sin embargo, su conocimiento más importante sobre el hermoso arte de escuchar el corazón proviene de la propia vida de Gitte, que está llena de amor y elección del corazón.

Ahora conoces las cuatro meditaciones y puedes mezclarlas libremente como desees, para encajar en la vida diaria de tu familia. En las páginas después de cada meditación, puede escribir pequeñas notas sobre sus propios comentarios y los de su hijo sobre sus experiencias de meditación en el corazón. También le recomiendo que anime a su hijo a dibujar su versión de la montaña, el corazón, la nube o cualquiera de los otros símbolos. Los dibujos de los niños a menudo proporcionan una gran oportunidad para una buena conversación.

Juntos, vamos a llenar los hogares de todo el mundo con la habitación del corazón más hermosa, creada por el amor a y desde nuestros hijos. ¿Puede la vida ser más grande de lo que pienso?

y la ilustradora

La meditación muy a menudo supera a la creatividad. Elsie Ralston ha ilustrado este libro. Nació y creció en Perú. El amor por su marido la llevó a Dinamarca. A continuación se puede ver una imagen del proceso de producción de las ilustraciones de este libro.

Puedes encontrar a Elsie en:

www.elsieralston.com

Si quieres más inspiración, mantente atento a:

www.gittewintergraugaard.dk

Una misión global

Gitte Winter Graugaard tiene la misión de ayudar a UN MILLÓN DE NIÑOS y sus familias a prosperar a través de la meditación a la hora de acostarse. Ella es una experta en rutinas pacíficas a la hora de acostarse. Es una autora superventas y galardonada y oradora tedx.

Sus libros están ayudando a miles de niños a dormir en más de 20 países. Gitte siempre nos recuerda que primero debemos ser padres nosotros mismos antes de criar a nuestros hijos y tomar conciencia de lo que irradiamos.

Para encontrar más inspiración para la crianza consciente y un mejor sueño, puede seguir el blog de Gitte en:

www.gittewintergraugaard.dk

Para reservar Gitte para charlas o talleres vaya a:

www.gittewintergraugaard.com

Gitte talking at TEDx Peterborough UK, April 2019

Consejos del autora

¿Tiene problemas para que su hijo duerma? ¿Quieres ayuda? No estás solo. Muchos padres de todo el mundo están luchando para ayudar a sus hijos a dormir. Encuentra más ayuda aquí:

www.enmicorazon.es

HEARTLIGHT

Teach your child to shine

This little book is an obvious sequel to "In My Heart", as the fifth meditation. Here, your child learns to turn up their inner light in the mountain of love and carry it around the whole body to spread their inner light. This meditation is also part of the book "The Monster Manual for children who worry a lot". Find out how to make your child a light bearer.

www.heartlight.eu

Meet Chief Eaglefeather
Meditations for children
BEDTIME STORIES
Let sleep come easily with these meditations.
Create a deep connection with your child and help them to recharge.
No 1
Gitte Winter Graugaard

Clear Cascade
Meditations for children
BEDTIME STORIES
Let sleep come easily with this WATER meditation.
Create a deep connection with your child and help them to recharge.

The Flamedancers' Fire
Meditations for children
BEDTIME STORIES
Let sleep come easily with this FIRE meditation.
Create a deep connection with your child and help them to recharge.

The Deep Meadow
Meditations for children
BEDTIME STORIES
Let sleep come easily with this EARTH meditation.
Create a deep connection with your child and help them to recharge.
No 4
Gitte Winter Graugaard

The Mild Winds
Meditations for children
BEDTIME STORIES
Let sleep come easily with this AIR meditation.
Create a deep connection with your child and help them to recharge.
No 5
Gitte Winter Graugaard

All the books in the series The Valley of Hearts

In the first book, "Meet Chief Eaglefeather" I gave you two meditations.

As your child becomes more comfortable you can move further into the valley to encounter each of the elements. As you reach each new stage of the journey, new books and more meditations will be waiting for you.

"The Flamedancers' Fire" is book number two. You can benefit from using this meditation for children with lots of temper and conversely, for children with too little fire inside. Getting to know how to turn down or up your inner fire is crucial for how you cope in life.

"The Clear Cascade" in book number three is such a blessing to sensitive children and children prone to worry. It teaches us to cleanse our energy from other people before sleeping, which makes it a lot easier to feel our own energy and our own needs and boundaries.

Book number four is "The Deep Meadow", it is beneficial for all children in the Digital Age. Most children today need help to ground themselves.

We get to fly with "The Mild Winds" in book number five. The little daydreamers will love this meditation. However, it can also help children who need more perspective and creativity.

Each element has its own magical quality, which can be used to achieve peace of mind and to create better balance inside.

Please visit: www.thevalleyofhearts.com

Gitte tiene la misión
de enseñar a 1 MILLÓN de
niños a meditar. Puedes ayudarla
compartiendo este libro y tus
experiencias con otros. Ordene sus
libros de su biblioteca local, o de
su librería favorita, y úselos como
regalos, para los que ama.
Apoya la misión.

Gracias

para la enseñanza

su hijo a meditar.

Nos vemos luego...

www.ingramcontent.com/pod-product-compliance
Ingram Content Group UK Ltd.
Pitfield, Milton Keynes, MK11 3LW, UK
UKHW061953290726
14090UKWH00021B/1205